Jean Monbourquette

L'ABC de la COMMUNICATION FAMILIALE

Le livre des parents qui n'ont pas le temps de lire

L'ABC de la communication familiale
est publié par Novalis

Illustrations: Nina Price
Maquette: Robert Vienneau
Éditique: Robert Vienneau, Christiane Lemire

Dépôts légaux: 4e trimestre 1993
Bibliothèque nationale du Canada
Bibliothèque nationale du Québec
Novalis, C.P. 990, Outremont (Québec) H2V 4S7
ISBN: 2-89088-645-x
Imprimé au Canada

Données de catalogage avant publication (Canada)

Monbourquette, Jean

L'ABC de la communication familiale

Comprend des réf. bibliogr.

ISBN 2-89088-645-X

1. Éducation des enfants. 2. Parents et enfants. 3. Famille. 4. Rôle parental. I. Titre.

HQ769.M66 1993 649'.1 C93-097314-3

NOVALIS

Sommaire

Je dédie cet ouvrage à toutes les familles qui m'ont admis dans leur intimité

Avant-propos

Ce livre est un précis sur l'éducation des enfants. Il est conçu à l'intention des parents qui n'ont pas le temps de lire de gros bouquins sur le sujet. Il fut composé à la lumière de plusieurs années d'ateliers sur la communication des parents et des enfants, ainsi qu'à partir des données recueillies au cours de sessions de thérapie familiale. L'un des buts que j'y poursuis est de raviver chez les parents le désir de remplir leur rôle avec confiance, joie et passion.

Le texte du présent ouvrage a d'abord paru sous forme de manuscrit. Il a contribué à guider de nombreux parents dans leur travail d'éducateurs. Il a aussi servi d'instrument d'animation pour des groupes d'échange. Il est publié ici dans une toute nouvelle toilette après avoir été révisé et augmenté.

Je me permets de signaler que, pour ne point alourdir le texte et en rendre la lecture plus facile, j'ai choisi en parlant des personnes de n'utiliser que le masculin, sauf dans les cas où le féminin s'imposait.

Enfin, j'aimerais remercier mon ami Jacques Croteau, o.m.i., de l'aide précieuse qu'il m'a apportée pour préciser certaines idées et pour améliorer la présentation littéraire du texte.

Savoir reconnaître et apprécier son pouvoir de parent

Plusieurs parents ne se sentent pas à la hauteur de leur tâche de parent. Ils n'ont pas confiance en eux-mêmes; ils ont peur de ne pas être de «bons parents»; ils se sentent dépassés par les exigences de leur famille et de la société en général. Comment expliquer un tel état d'esprit?

Il existe trop de conseils contradictoires chez les spécialistes de l'éducation. Certains préconisent le laisser-faire, alors que d'autres favorisent un régime autoritaire. Et le parent, lui?

En exagérant la fragilité de l'enfant, certaines écoles de pédagogie créent chez les parents des craintes inutiles. Des parents sont pris de panique quand ils entendent certains pédagogues déclarer que chez l'enfant «tout se passe avant six ans».

Il est aussi de bon ton d'accuser les parents de toutes les difficultés que les adultes éprouvent dans leur vie. Il est plus facile de rendre «papa» et «maman» responsables de ses failles que de prendre sa vie en main.

La société en général — professeurs, politiciens, police, etc. — a tendance à rejeter sur le dos des parents la responsabilité des troubles sociaux qu'on rencontre chez les jeunes gens. Et ces accusations deviennent encore plus sévères quand il s'agit de familles monoparentales.

Au cours de ce traité, nous voulons redonner aux parents la joie d'être parent ainsi que la confiance en eux-mêmes dans l'exercice de leur rôle. Nous voulons les assurer qu'ils peuvent trouver en eux-mêmes tout ce qu'il faut pour réussir. Nous désirons en particulier les voir récupérer leur autorité de parent, non pas une autorité despotique, mais une autorité fondée sur leurs habiletés et leur compétence personnelles telles que leur

capacité d'aimer

capacité d'organiser une famille

capacité d'encourager l'enfant à grandir

capacité d'écouter l'enfant

capacité de s'affirmer

capacité de négocier dans les impasses

capacité d'influencer les valeurs morales de l'enfant.

Gagner la collaboration de l'enfant

«Comment forcer mon enfant à étudier librement?» me demandait une maman. Cette question soulève tout le problème de l'interaction du parent et de l'enfant dans l'œuvre de l'éducation.

Le parent doit se rappeler constamment que le premier responsable de sa croissance, c'est l'enfant lui-même. Il est l'agent principal de son éducation.

Comment s'y prendre pour que l'enfant s'engage lui-même à fond dans son propre développement?

Garder toujours en tête que, d'une part, l'enfant veut instinctivement grandir et que, d'autre part, la tâche du parent consiste à l'orienter et à l'encourager dans les efforts qu'il met à devenir «grand».

Ainsi, au lieu de vouloir à la place de l'enfant, le parent s'efforce de gagner sa collaboration et de soutenir son désir de progresser.

Développer des attitudes propices à un bon «parenting»

Comme parents, vous n'êtes pas obligés d'être des parents parfaits et de tout connaître du premier coup. Considérez-vous comme de perpétuels apprentis en éducation. Reconnaissez votre droit de faire des erreurs et, dès lors, de vous reprendre. Donnez-vous le temps d'apprendre votre métier de parent.

Efforcez-vous de vous entendre avec votre conjoint sur les grandes orientations à prendre pour l'éducation de l'enfant. Éviter d'entretenir la compétition entre vous en vue de gagner l'affection de l'enfant, surtout si vous êtes divorcés.

Calme et détente font plus que soucis et peur de l'avenir. La peur obsessionnelle que l'enfant soit mal éduqué engendre souvent chez lui les comportements que vous aurez redoutés. Ex.: Une peur exagérée que l'enfant prenne de la drogue peut attirer son attention sur elle au point d'inciter l'enfant à en faire l'expérience.

Toujours vous rappeler que c'est l'enfant qui s'éduque. À mesure qu'il grandit, savoir vous retirer pour lui fournir l'occasion d'exercer sa liberté et de se prendre en main. Tout ce que votre enfant peut faire sans votre aide, laissez-le faire. C'est ainsi qu'il apprendra par lui-même à grandir. Essayer de le protéger contre la moindre souffrance ou la moindre maladresse serait le handicaper pour le reste de sa vie.

Au lieu d'être sur la défensive et d'être tenté de toujours dire «non» aux demandes de l'enfant, pourquoi ne pas prévoir à l'avance et lui proposer certaines activités. Il est beaucoup plus facile d'orienter l'énergie de l'enfant que d'essayer de la stopper.

Comme parent, avoir le courage d'accepter d'être imparfait. Si vous commettez une erreur, savoir vous excuser auprès des enfants. Vous leur enseignerez par votre attitude qu'ils peuvent toujours se reprendre après avoir commis une erreur.

Quant à vos erreurs, elles seront pour vous autant d'occasions d'apprendre et d'évoluer.

Arrêter de vous préoccuper de ce que les parents, les voisins et les amis peuvent penser de vos méthodes d'éducation, car vous en êtes les seuls responsables. Prendre conscience de votre désir non avoué de réussir votre vie à travers la personne de vos enfants et de chercher votre satisfaction moins dans leur bien-être que dans leurs performances. L'être même de l'enfant est plus important que ses performances.

Entretenir trop d'ambition pour son enfant risque de l'amener à se décourager. Devant les exigences exagérées du parent, il est incapable d'accepter ses limites et ses échecs. Parfois, certains enfants se sentent tellement dépassés par ces exigences qu'ils entretiennent des idées suicidaires. D'autres parents manquent d'ambition pour leur enfant. Ils auront tendance à le «gâter». Au lieu de viser au véritable bien de l'enfant, ils réagissent aux privations de leur propre jeunesse. Ex.: «Moi, je n'ai rien eu dans mon enfance, je vais tout donner à mes enfants.»

Créer un climat de confiance

Pour gagner la collaboration de l'enfant, il importe de créer un climat de confiance, c'est-à-dire d'«apprivoiser» l'enfant, pour employer le langage du Petit Prince. S'il existe un rapport de confiance, l'enfant sera plus prêt à vous écouter et à vous obéir.

Voici quelques comportements propices à créer un climat de confiance chez l'enfant:

Se montrer disponible: dans la mesure du possible, quand l'enfant veut parler, arrêter son travail pour l'écouter. Passer du temps seul à seul avec lui. Ex.: randonnée en voiture, faire des choses ensemble, aller à la pêche, etc.

Encourager: remarquer et admirer les progrès que l'enfant fait, si petits soient-ils.

Se mettre à son niveau: pour communiquer avec lui, prendre la même position physique. Se baisser pour se mettre à sa hauteur ou l'élever dans ses bras de manière à ce qu'il puisse mieux voir et entendre.

Parler son langage: prendre son ton de voix et ses expressions (quitte à les corriger plus tard).

Entrer dans son monde: lui donner la chance de s'expliquer quand il pose une question. Lui demander: «Et ta réponse à toi, qu'est-ce que c'est?» Le laisser expliquer son dessin ou le jeu qu'il est en train de créer.

Apprendre à jouer et à s'amuser avec lui: éviter d'être toujours sérieux quand on aborde son enfant. Exemples de comportements non recommandables: «As-tu amélioré tes notes à l'école? As-tu été sage?» Savoir le taquiner, jouer ses jeux, s'amuser avec lui, etc.

Je TeME

L'estime de soi chez l'enfant

À notre avis, la tâche la plus importante du parent est d'aider l'enfant à bâtir l'estime de lui-même. Une fois l'estime de soi acquise, l'enfant est capable d'initiatives aptes à le faire grandir et à le rendre de plus en plus autonome.

L'enfant, dans son désir de croissance, vérifie constamment auprès de ses parents et des personnes signifiantes pour savoir s'il est sur la bonne voie. Leurs réactions et leurs messages lui servent de miroir lui renvoyant une image positive ou négative de lui-même. C'est d'abord à travers les yeux des personnes qui sont importantes pour lui que l'enfant apprend à s'apprécier et à grandir.

Il existe deux formes d'estime de soi qu'il est nécessaire de distinguer: l'estime de soi *pour ce que l'on est*, et l'estime de soi *pour ses performances*. Nous verrons ces deux formes d'estime de soi et les différents messages qu'elles peuvent susciter et promouvoir.

«Je suis aimable»

La première forme d'estime de soi concerne ce que l'on est. Elle se manifeste dans le fait que l'on se sent bien avec soi-même, dans son corps, ses états d'âme et ses émotions. Elle consiste encore à se considérer comme une personne importante, digne de respect, d'appréciation et d'amour. L'enfant dira spontanément de lui-même: «Je suis correct et aimable.»

Voyons quels sont les messages et les actions susceptibles de susciter une telle estime de soi chez l'enfant.

Le bébé apprend à s'estimer en recevant les soins de base qui consistent à être bercé, lavé et nourri, tous ces soins étant prodigués avec amour et accompagnés de paroles douces et de sourires... Plus tard, il prendra davantage conscience de l'importance qu'il revêt aux yeux de ses parents grâce aux actions telles que les caresses, les consolations reçues dans les moments pénibles, l'écoute et le respect de ses sentiments et pensées, les gestes d'affection lors des départs et des retours.

D'autres marques d'attention à la personne de l'enfant consistent à fêter son anniversaire de naissance et les grands changements de sa vie, comme l'avènement de la puberté.

Il importe donc, pour favoriser cette forme d'estime de soi, de donner des marques gratuites et désintéressées d'affection, non pour lui faire sentir qu'on l'apprécie pour ce qu'il sait faire, mais pour ce qu'il est comme personne. Aussi est-il déconseillé d'utiliser des marques d'affection pour souligner les performances de l'enfant, car une telle manière d'agir engendrera chez l'enfant des réflexions telles que celles-ci: «On me considère aimable et on me donne de l'affection en autant que je me montre obéissant ou que j'ai du succès» ou encore: «Je me sens aimé seulement quand j'ai de bonnes notes.»

«Je suis capable»

L'autre forme d'estime de soi chez l'enfant naît de la confiance en ses capacités de réaliser certaines choses et d'avoir la maîtrise de son milieu. En conséquence, chaque fois qu'il entreprend une tâche, il l'accomplit avec assurance; il prend tous les moyens nécessaires pour réussir; enfin, il persévère jusqu'au bout, assuré qu'il est de réussir. Comment susciter et entretenir chez lui une telle confiance en ses capacités?

C'est l'encouragement répété des parents et des personnes signifiantes qui le fera. Et de quoi sera fait cet encouragement? De remarques positives, de simples observations, de félicitations, de remerciements, d'expressions de sa joie, etc. Toutes ces manifestations viendront nourrir la confiance de l'enfant en ses capacités et l'inciteront à prendre de nouveaux risques.

Pour l'enfant, s'apercevoir que l'on remarque ses réalisations demeure sa plus grande récompense, beaucoup plus que de recevoir des cadeaux ou de l'argent. L'appréciation de ses réalisations, qu'on lui manifeste par des paroles ou par des gestes, peu à peu s'intériorise en lui; il se crée en lui un scénario de succès.

Des études récentes ont démontré que la persévérance d'un enfant à accomplir une tâche dépend de cette forme d'estime de soi. C'est ce qui manque le plus aux «décrocheurs», qui sont sûrs d'échouer avant même d'avoir amorcé un travail.

Voici maintenant quelques autres suggestions en vue d'aider l'enfant à développer l'estime de soi.

- Lui proposer des défis qu'il peut relever avec succès dans l'immédiat. À mesure qu'il aura pris goût au succès, lui donner des tâches qui demanderont plus d'endurance et de persévérance.
- Ne jamais faire pour l'enfant ce qu'il peut faire par ses propres moyens. Ex.: s'il vous demande de l'aider à faire un devoir, l'inviter d'abord à le commencer seul et à venir chercher de l'aide seulement lorsqu'il se verra bloqué. Enfin, pendant que vous l'aiderez, exigez son entière participation à la recherche de la solution. Posez-lui des questions de manière à le faire travailler: «Qu'est-ce qui arrive quand...?» «Comment peux-tu t'y prendre autrement?»
- Lui faire connaître diverses formes d'activités domestiques, sportives ou artistiques et le laisser choisir celles qu'il aimerait pratiquer. Ex.: lui montrer différents instruments de musique et l'inviter à choisir celui qu'il aimerait jouer. Une fois que le choix est fait, l'encourager à persévérer malgré les frustrations et même les découragements qu'il peut éprouver au début de son apprentissage. Ex.: «Tu dois continuer tes cours de danse jusqu'à la fin de la session; à ce moment-là, nous examinerons ensemble si tu dois continuer ou non.»
- Faire comprendre à l'enfant qu'un échec temporaire, loin d'être une raison d'abandonner, peut être une occasion d'apprendre et de s'améliorer.
- Mettre l'enfant dans des situations de faire des choix qui ne dépassent pas ses capacités. Ex.: «Qu'est-ce que tu veux faire avec ton dollar reçu en cadeau?»
- Ne jamais payer un enfant pour qu'il participe ou fasse une activité culturelle ou sportive. Ex.: Donner deux dollars à son enfant pour qu'il assiste à une réunion de louveteaux.

Ce qu'il faut éviter pour ne pas encourager la mésestime de soi

Il ne faut pas rémunérer l'enfant pour les tâches domestiques qu'il accomplit, afin de lui faire comprendre qu'il n'est pas un employé, mais bien un membre de la famille. Une rémunération est par ailleurs recommandée pour les tâches extraordinaires, comme prendre le contrat de peindre le garage durant les vacances. Confier à l'enfant des tâches domestiques sans le rémunérer développe son sens des responsabilités et le sentiment de son appartenance à la famille.

Les allocations hebdomadaires accordées à l'enfant ne doivent pas lui être présentées comme un salaire, mais comme un partage de biens pour satisfaire ses besoins. À noter que, dans cet esprit, il n'est pas recommandé de punir un enfant en le privant de ses allocations.

Chercher à enlever à l'enfant toutes formes de frustrations ou l'empêcher de prendre des risques calculés, c'est miner sa confiance en lui-même, le rendre craintif et souvent irresponsable devant les défis de la vie.

Comparer l'enfant à ses pairs engendre souvent chez lui de l'anxiété, un esprit de compétition ainsi qu'un sentiment d'impuissance. Il vaut mieux comparer entre eux ses propres niveaux de performance. Ex.: «Dans ta dictée, tu as fait moins de fautes que dans la précédente.»

Attirer sans cesse son attention sur une «mauvaise» habitude, comme celle de se sucer le pouce, en plus de créer de l'anxiété vient renforcer chez lui sa manie, surtout si elle attire l'attention et vous fait fâcher.

Éviter de vanter son enfant pour une seule de ses qualités ou pour un même type de performance. Ex.: répéter souvent: «Mon fils joue très bien du piano.» L'enfant risque de penser qu'il n'a de la valeur que lorsqu'il joue du piano.

Le parent doit éviter de devenir l'amuseur attitré de l'enfant. Même s'il est nécessaire qu'un parent organise pour lui un certain nombre d'activités, l'enfant doit lui-même prendre l'initiative de créer ses propres jeux et de se faire des amis.

Utiliser le langage de l'encouragement

L'encouragement est le moteur de l'estime de soi de l'enfant. Quand il reçoit des marques gratuites d'affection et d'appréciation, l'enfant les intègre dans son dialogue intérieur. Quand on lui manifeste de l'affection, il est alors enclin à se dire: «Je suis important et aimable.» Quand on souligne ses performances et qu'on le félicite, il se dit: «J'ai des capacités et je réussirai.»

Dans les cas où des parents ont cessé de communiquer avec leurs enfants, la première stratégie à employer pour renouer la communication, c'est de se mettre à les encourager d'une manière suivie et systématique.

L'enfant a besoin d'encouragement comme une plante a besoin d'eau, sinon il se décourage et se comporte mal. Un enfant qui ne reçoit pas d'encouragement se mettra à commettre toutes sortes d'impolitesses, de désobéissances et à poser des gestes destructeurs, avec le désir secret d'attirer l'attention de ses parents, même si ce n'est que des réprobations que dans le jargon psychologique on nomme «des marques d'attention négatives». Pour lui, réprimandes et punitions valent mieux encore que le sentiment d'être ignoré totalement.

Comment dire à l'enfant qu'on l'aime pour ce qu'il est?

On peut le faire de diverses façons:

en lui procurant les soins nécessaires à son bien-être;

en lui prodiguant des caresses et des marques d'affection;

en le tenant sur ses genoux;

en l'embrassant aux départs et aux retours;

en l'écoutant exprimer ce qu'il vit sans le juger;

en célébrant son anniversaire de naissance;

en célébrant les événements marquants de sa vie comme sa graduation;

en lui faisant des cadeaux-surprises, etc.

Ne jamais gronder ou punir un enfant au moment même où on lui donne une marque d'affection; l'enfant devient alors tout confus, ne sachant plus quoi penser. De même, il ne faut jamais punir un enfant en le privant de son gâteau de fête ou de son cadeau d'anniversaire.

Rappelons enfin que les caresses et les marques d'affection ne doivent pas lui être données pour ce qu'il fait mais bien pour ce qu'il est.

Comment apprécier les performances d'un enfant?

Pour encourager l'enfant à avoir des comportements louables, lui signifier son appréciation par des gestes comme:

- un regard ou un geste approbateur. Ex.: quand il sort les déchets à temps.
- un reflet de son vécu émotionnel: «Tu sembles content d'avoir gagné.»
- une remarque: «Je constate que tu as rangé tes vêtements.»
- un message en «je»: «Je suis si heureuse de voir ta chambre en ordre!»

Gare aux louanges surfaites et artificielles (tu es un ange), aux compliments-jugements (tu es bon quand...), aux gestes humiliants (taper sur la tête).

Éviter d'accorder trop d'attention aux comportements négatifs afin de les décourager.

S'efforcer de signaler les comportements désirables et d'ignorer les comportements indésirables.

Parfois, il vaut mieux encourager par des gestes que par des paroles, lorsque l'enfant est devenu trop dépendant de nos assurances verbales. Un sourire, un toucher, une attention passagère, puis s'esquiver.

Varier l'objet de ses encouragements en fonction des diverses performances de l'enfant. Éviter de toujours encourager uniquement une même activité. Ex.: Le fait qu'il joue du violon.

Des gestes ou des paroles humiliantes sont parfois aptes à faire obéir un enfant, mais ce genre de messages risque de faire naître chez l'enfant la mésestime de lui-même et de le porter au découragement.

Mettre l'accent sur le plaisir de faire qu'éprouve l'enfant plus que sur le résultat de son travail. Ex.: «Tu as l'air d'aimer peindre», au lieu de: «Ton tableau est beau.»

Si vous avez perdu la confiance d'un enfant, pour la regagner, il vous faudra peut-être consacrer un mois ou deux à lui manifester votre intérêt et votre encouragement.

Organiser le milieu familial

Le manque d'organisation matérielle et la confusion qui en découle sont source de beaucoup de tensions et de difficultés dans une famille.

Grâce à leur esprit inventif, certains parents s'évitent bien des ennuis et font de leur maison un lieu d'apprentissages de toutes sortes. Il est utile d'apprendre différents trucs conçus à cet effet. En fonction des besoins, le milieu de vie peut être organisé de manière à être

enrichi: jeux éducatifs, cartes du monde, atelier avec quelques outils pratiques, listes d'émissions de télévision intéressantes, listes de vidéos, brochures (les laisser à la salle de bain), petite bibliothèque, etc.

démuni: diminuer les stimulations afin de favoriser le sommeil à l'heure du coucher: fermer les rideaux au coucher, baisser le volume de la télévision, diminuer l'éclairage, ne plus parler après une heure donnée, etc.

rendu plus commode: crochets plus bas pour que les enfants puissent accrocher leurs vêtements, petite chaise, «panier à linge sale» à la portée de tous, etc.

ordonné: les jouets dans une salle de jeux, écouteurs pour la musique forte, mettre les produits dangereux hors de la portée des enfants, etc.

ouvert à d'autres milieux: visites des parcs, des musées, terrains de jeux, cours de toutes sortes, échanges d'adolescents, travail dans des organisations de charité comme service à l'hôpital ou dans des foyers, etc.

organisé d'une manière fonctionnelle: tableau d'affichage, listes des travaux à exécuter, agenda des activités scolaires et sportives, etc.

En plus d'organiser le milieu, il importe de savoir planifier les événements prévisibles qui touchent à la famille: préparer l'enfant à la visite chez le dentiste; apporter en voyage des jouets et objets familiers; faire visiter la future école, etc.

Structurer la vie familiale à l'aide de règlements

Dans les familles monoparentales ou encore dans celles où les deux parents doivent travailler à l'extérieur, on doit pouvoir faire des prouesses d'organisation.

Le dialogue entre les membres de la famille sera efficace dans la mesure où la vie de la famille sera bien structurée pour ce qui est de l'horaire, de l'espace, des règlements, de la répartition des tâches, etc. Ex.: On ne peut pas négocier l'heure du lever ou des repas à chaque jour.

Un règlement doit être clair et précis. Ex.: «Tu peux courir dans la cave, mais pas dans le salon et la cuisine.»

Une limite doit être absolue. Exemple d'une règle imprécise: «Tu peux lancer un peu d'eau à ta sœur, mais pas trop.»

Être conséquent avec le fait qu'une règle a été établie. Si l'enfant observe cette règle, le remarquer; quand il la viole, l'interpeller immédiatement.

Des commandements fermes s'imposent dans les situations d'urgence. Ex.: «Enlève ton couteau du grille-pain!»

Si on doit imposer une règle, si possible, prévoir un choix. Ex.: «C'est défendu de sauter sur le sofa du salon. Choisis: veux-tu sauter sur le matelas dans la cave ou aller jouer à l'extérieur?»

Les commandements négatifs du genre: «Ne touche pas au vase» suscitent dans la tête de l'enfant des images et des impulsions quasi irrésistibles de toucher au vase. Il est préférable alors de détourner l'attention vers une nouvelle activité: «Voici ton camion» — au lieu de: «Ne touche pas à mon vase.» Orienter l'énergie de l'enfant est toujours plus facile que d'essayer de la réprimer.

Appliquer des conséquences réglementaires[1] au lieu de punir

En éducation, récompenses et punitions, quoique efficaces à première vue, sont des moyens disciplinaires lourds à utiliser et qui, à la longue, s'avèrent peu adaptés. En effet, quand les enfants ont grandi, il est très difficile, voire impossible, de concevoir des récompenses ou punitions appropriées à leur âge.

D'ailleurs, la punition et la récompense ne favorisent pas le développement de la confiance de l'enfant envers le parent. Car l'enfant lui-même apprend vite à user de la même pédagogie envers le parent. Il cherchera à son tour à le punir et à le récompenser par son comportement envers lui.

À la place des récompenses et des punitions, il existe des moyens plus éducatifs et efficaces pour aider l'enfant à devenir responsable de ses actions: lui faire découvrir les conséquences naturelles et réglementaires de ses actions. En psychologie adlérienne, pour désigner les conséquences réglementaires, on utilise les termes «conséquences logiques».

Les conséquences naturelles sont celles qui découlent de la nature même de l'action accomplie. Ex.: Un enfant qui, croyant à la puissance de sa tunique de Batman, se jette du haut d'une table, apprendra vite qu'elle ne le protège pas des conséquences possibles d'une chute. La dure réalité sera sa meilleure éducatrice.

Les conséquences réglementaires sont celles qui, par règlement, résultent de la violation d'une règle donnée. Ex.: Si un enfant arrive en retard pour souper, il a été établi que la table sera enlevée et qu'il devra se satisfaire des restes remisés dans le réfrigérateur. Après s'être servi, il devra aussi tout remettre en place et laisser la cuisine propre.

1. L'appellation «conséquences réglementaires» traduit l'expression «logical consequences» utilisée en anglais.

Avantage des conséquences réglementaires

L'établissement de conséquences réglementaires est une stratégie éducative qui s'impose, en particulier quand le parent a pris conscience qu'il n'a pas à s'acquitter d'une tâche qui relève de la responsabilité de l'enfant. Ex.: faire les devoirs, apprendre les leçons, se lever à temps le matin, ramasser ses vêtements sales, etc.

Conditions de l'établissement d'une conséquence réglementaire

La conséquence réglementaire doit être formulée comme une règle de conduite de la maison. Il n'est pas nécessaire que l'enfant soit d'accord. C'est le parent qui la détermine. Ex.: «Si tu ne nourris pas ton chien, on devra le donner.»

Elle n'est pas une punition; mais la conséquence est appliquée froidement, rigoureusement, sans animosité et sans commentaire. Ex.: «Lundi prochain, je ne laverai que les vêtements qui se trouveront dans le "panier à linge sale".»

Quand le parent veut modifier une manière de faire et qu'il veut donc créer une nouvelle conséquence réglementaire, voici comment il procédera:

1. Avertir l'enfant du changement. Ex.: «À partir de demain, je vais te réveiller une seule fois et, sans attendre d'autres avertissements de ma part, tu auras la responsabilité de te lever, de déjeuner et de prendre ton autobus. Si tu manques ton autobus, tu devras marcher jusqu'à l'école.»
2. Maintenir fermement la nouvelle politique, car l'enfant voudra sonder votre degré de conviction par rapport à cette nouvelle manière de faire. Ex.: Il se peut que l'enfant se lève en retard et manque son autobus. Dans ce cas précis, appliquer les conséquences réglementaires de sa négligence: vous ne lui donnerez pas de billet d'excuse, et il marchera pour se rendre à l'école.
3. Pour se montrer ferme dans l'application des conséquences réglementaires et pour ne pas flancher, il sera parfois nécessaire de se faire appuyer par son conjoint ou par un ami. (C'est un principe qu'on retrouve dans la méthode de *Toughlove*.)
4. Dans l'application d'une conséquence réglementaire, le parent doit réduire ses paroles au minimum et faire ce qu'il a prévu. Un minimum de paroles et un maximum d'actions. Ex.: «Si à six heures tu n'es pas prêt, moi je pars en voiture sans toi.»

Exemples de conséquences réglementaires

Voici des règlements assortis de conséquences réglementaires et qui rendent la vie familiale plus agréable:

Si tu ouvres le pot, ferme-le.

Si tu débarres la porte, barre-la.

Si tu casses quelque chose, admets-le.

Si tu ne peux pas réparer quelque chose, demande de l'aide.

Si tu empruntes quelque chose, remets-le.

Si tu fais un dégât, nettoie-le.

Si tu déplaces quelque chose, remets-le à sa place.

Si tu veux te servir d'une chose qui ne t'appartient pas, demande la permission.

Si tu ne sais pas comment faire fonctionner un appareil, informe-toi.

Si ce n'est pas de tes affaires, ne pose pas de questions.

Si ce n'est pas brisé, n'essaie pas de le réparer.

Si tu échappes quelque chose, ramasse-le.

Si tu enlèves un vêtement, accroche-le.

Si ça sonne, réponds.

Si ton animal se plaint, soigne-le.

Si tu allumes la lumière, éteins-la.

Si tu ouvres le robinet, ferme-le.

Si quelqu'un te salue et te sourit, tu peux faire de même.

Écouter son enfant

L'écoute active consiste à se faire le miroir des actions, des émotions et des intentions de l'enfant.

Ex.: Tu t'es bien amusé avec ton nouveau copain.
Tu sembles fâché contre ta sœur.
Je crois que tu désires avoir mon attention.
Tu es content de ta réussite scolaire.

L'écoute active démontre à l'enfant l'intérêt que vous portez à sa vie émotive, l'aide à mieux se comprendre s'il se sent confus, améliore votre relation avec lui et l'incite à trouver ses propres solutions à ses problèmes.

L'écoute active favorise grandement l'estime de soi chez l'enfant. Il lui apprend que c'est normal d'avoir des émotions et qu'en les exprimant d'une manière non destructrice il peut plus facilement les gérer.

L'écoute active n'est ni de la pitié, ni de l'approbation, mais la simple reconnaissance de ce que l'enfant ressent dans l'ici et maintenant. Ex.: «Mon professeur est un stupide.» L'écoute du parent: «Tu es fâché contre lui?» Vous lui parlez donc de son état émotif et vous évitez de juger le professeur.

Prendre en pitié un enfant ajoute à sa souffrance et à la fin ne résout rien.

L'écoute active est appropriée quand l'enfant manifeste son trouble intérieur soit par ses paroles, soit par ses attitudes. Pensez à un enfant qui développe un comportement inhabituel: il se montre taciturne, bruyant, querelleur, etc.

Ne faire de l'écoute active que lorsque vous en avez le temps et que vous disposez d'assez de liberté intérieure, sinon remettre l'écoute à plus tard.

Savoir décoder un message indirect. Ex.: «Papa, aimais-tu les filles qui avaient des boutons?» signifie: «Je suis mal à l'aise avec mon acné et j'ai peur d'être rejetée par les garçons.»

Écouter les besoins d'un enfant ne signifie pas s'obliger à les satisfaire

Les parents sont exposés à recevoir des centaines de demandes par jour de la part de leurs enfants. Aussi faut-il qu'ils apprennent à dire «non» sans pour autant se sentir coupables ou se mettre l'enfant à dos. Voici comment vous pouvez dire «non» sans frustrer votre enfant:

1. Quand l'enfant vous fait une demande, reconnaître d'abord son besoin ou son désir.
2. Donner les raisons pour lesquelles vous devez refuser sa demande.
3. Offrir d'autres options qui peuvent satisfaire en partie le besoin ou le désir de l'enfant. Ex.: «Je sais que tu veux faire du camping avec des compagnons, mais je dois te dire non, car tes compagnons sont trop vieux pour toi et, de plus, je ne les connais pas. Demain, nous allons faire un pique-nique, tu es la bienvenue.»

Amener l'enfant à tenir compte des réactions du parent

Parfois, l'enfant a des comportements qui vous ennuient, vous dérangent et vous embêtent. Il existe deux manières d'intervenir pour qu'il cesse de vous importuner. L'une d'entre elles consiste à lui envoyer un message commençant par un «tu», message qui peut se traduire de diverses manières:

L'accabler de noms peu flatteurs: «Tu es méchant de faire du bruit quand ton père veut se reposer.»

Lui commander d'arrêter: « **Tu** vas arrêter tout de suite et va-**t**'en dehors.»

Lui faire des menaces: «Si **tu** continues à faire du bruit, **tu** vas aller dans ta chambre.»

Le message en «tu» agresse l'enfant, lui laisse entendre qu'il est méchant et provoque chez lui une réaction soit de soumission apeurée, soit de rébellion.

L'autre mode d'intervention consiste à exprimer son message en «je». En l'occurrence, le parent décrit à l'enfant sa réaction intérieure au comportement de celui-ci. Ex.: «Je suis incapable de me reposer quand tu fais du bruit dans la maison.»

Le message en «je» n'agresse pas l'enfant, mais lui exprime le vécu du parent. Il lui laisse la décision de changer son comportement. L'amour-propre et l'estime de soi de celui-ci en sortent intacts, de même que sa relation affectueuse avec son parent. Cette douce admonition offre de grandes chances de succès sans causer de préjudice à l'enfant et de dommage à la relation.

Le message en «je», tout en étant en principe efficace, ne l'est pas toujours en pratique, du moins au premier coup. Il se peut qu'après un message en «je», même bien livré, l'enfant réagisse fortement: Ex.: «Quand tu laisses traîner ton manteau, je suis frustrée, car j'aime bien voir la maison en ordre.» À ce message en «je», l'enfant peut toujours répliquer: «Tu es toujours sur mon dos!» Dans ce cas, faire alors de l'écoute réflexive et lui dire: «Tu as l'impression que je te harcèle.» Puis, revenir au message en «je»: «Moi, mon intention n'est pas de te harceler, mais de tenir la maison en ordre.» D'où alternances de propos en «je» et d'écoute réflexive. En l'écoutant, vous l'amenez à vous écouter.

Parfois, à la suite d'un message en «je» que vous adressez à l'enfant pour un comportement inacceptable ou désagréable, il convient de l'inviter à réfléchir avant de répondre. Ex.: «Quand tu me traites de "chienne", je suis très insultée et fâchée; et je voudrais que tu réfléchisses sur la manière dont tu me traites. Nous en parlerons demain.» Un temps de réflexion alloué à l'enfant porte souvent des fruits.

(Un peu plus loin, nous verrons que dans les situations plus graves le parent pourra se servir de l'interpellation.)

Comprendre les motivations de l'enfant-problème

Quand l'enfant se conduit d'une manière étrange, impolie ou rebelle, si vous avez la présence d'esprit et la quiétude intérieure, demandez-vous: «Quelle intention mon enfant poursuit-il en se comportant de la sorte?» Essayez de répondre à cette question en vous mettant dans sa peau.

Les principaux buts inconscients qu'un enfant poursuit lors d'un comportement négatif sont les suivants:

1. Attirer votre attention dont il se sent privé.
2. Se faire valoir, son importance sociale n'étant pas suffisamment reconnue.
3. Se venger, car il se sent lésé dans ses droits.
4. Se montrer passif et non coopérateur. Il refuse d'acquiescer à la moindre petite demande; il s'isole et veut vous démontrer que vous êtes un mauvais parent.

Comment reconnaître dans ces circonstances les buts inconscients de l'enfant? Vous n'avez qu'à prendre un moment pour faire un retour sur vous-même et vérifier ce que le comportement de l'enfant provoque en vous:

- Vous êtes ennuyé par l'attitude de l'enfant. Vous devenez fatigué de répéter la même consigne? *Il est probable que l'enfant manifeste un besoin d'attention.*
- Vous vous sentez engagé dans une lutte de pouvoir? *C'est que l'enfant désire avoir plus de pouvoir et de responsabilité.*
- Vous vous sentez blessé et vous avez le goût de vous venger à votre tour? *Votre enfant cherche à se venger pour une blessure quelconque.*

- Vous avez un sentiment d'impuissance et de désespoir face à l'enfant? *Vous pouvez en déduire que vous êtes en face d'un enfant découragé qui veut vous punir en se montrant incompétent et passif.*

Comment réagir dans ces circonstances?

Évitez d'agir sous l'impulsion du moment; cela ne servirait qu'à empirer la situation.

Quand un enfant désire attirer votre attention par une conduite importune, ignorez-le. Par ailleurs, s'il se conduit bien, accordez-lui alors de l'attention.

Évitez la lutte de pouvoir. Interrogez-vous sur votre propre désir de faire valoir votre autorité à tout prix. Apprenez à partager vos responsabilités et vos décisions avec l'enfant.

Si vous sentez que votre enfant veut se venger, essayez de savoir comment vous avez pu le blesser. Lui offrir vos excuses ou une réparation, s'il y a lieu.

Évitez de vous décourager devant l'enfant apathique et découragé. Encouragez ses moindres efforts. Prenez au sérieux sa situation en évitant de vous complaire dans de faux apitoiements sur vous-même: «Pauvre de moi!» Si l'enfant manifeste des idées suicidaires, prenez-le au sérieux, et consultez.

Désamorcer les situations d'affrontement inutile

Pour qu'il y ait affrontement, il faut la présence d'une autre personne jouant le rôle d'adversaire. C'est pourquoi, quand l'enfant manifeste qu'il veut vous affronter, vous attaquer ou se venger, enlevez-lui votre participation. Comment? En ne lui répondant pas et en vous retirant. Vous lui indiquez par là votre refus d'entrer en lutte avec lui ou de vivre dans un climat de rivalité.

Reprendre contact ou rétablir la conversation avec lui une fois qu'il se sera calmé.

Ne pas céder au chantage qu'un enfant utilise pour demander quelque chose. Lui enseigner à faire ses demandes d'une manière claire, polie et sans détours.

Ne pas donner de jouet, de bonbon ou toute autre chose à un jeune enfant qui les demande en criant ou en «chialant»; le faire, c'est développer chez lui l'habitude de procéder ainsi. Attendre qu'il ait fini sa crise avant de lui donner l'objet réclamé, s'il y a lieu de le faire.

Si un enfant, par son comportement, réussit à vous pousser à bout de patience, accordez-vous un temps d'arrêt avant de réagir. Sinon, vous risqueriez d'envenimer la situation et de renforcer l'animosité entre vous deux. Enlevez-lui le pouvoir qu'il a sur vous en réagissant d'une manière toute contraire à ses attentes.

S'il s'agit d'un bébé, rappelez-vous que son taux de durée d'attention est court, et qu'il suffit d'enlever de sa vue un objet qu'il désire pour le lui faire oublier.

Si votre conjoint est en situation de conflit avec votre enfant, ne pas le contredire en présence de celui-ci. D'abord, vous risqueriez de vous mettre le conjoint à dos; puis vous empêcheriez l'enfant d'apprendre à régler lui-même ses affaires. Si vous jugez que votre conjoint a mal agi, parlez-lui en privé à un moment plus propice.

Si un enfant vous affronte avec beaucoup d'assurance devant votre conjoint, vérifier s'il ne serait pas de connivence avec celui-ci. L'enfant se montre brave parce qu'il se sent peut-être appuyé par l'autre parent. Il le fera d'autant plus s'il sait que ça ne tourne pas rond entre vous deux. Il faut alors retrouver entre vous la bonne entente de sorte que vous pourrez compter sur l'appui de votre conjoint lors d'une intervention auprès de votre enfant.

Distinguer entre conflits de besoins et conflits de valeurs

Quand il y a conflit entre le parent et l'enfant, il est important de se rendre compte de la nature du conflit. Le conflit est-il provoqué par des choses matérielles ou relève-t-il d'un sujet culturel ou moral? Dans le premier cas, vous êtes en présence d'un conflit de besoins. Ex.: On se dispute au sujet des émissions de télévision; la fille accapare le téléphone durant des heures; le fils qui s'exerce à la batterie fait un bruit infernal, etc. Dans le deuxième cas, il n'y a pas de réalités matérielles en cause. On peut alors soupçonner qu'il s'agit d'un conflit en matière de croyances morales ou culturelles. Ex.: Le parent désire que son enfant écoute du classique, l'enfant, lui, écoute du «Rock»; le parent veut que sa fille apprenne le ballet, elle désire travailler chez McDonald avec ses amies, etc.

Pour les conflits de besoins, on peut parvenir à une entente grâce à la négociation qui permet de trouver des solutions satisfaisantes pour l'enfant et le parent.

Quand il s'agit de conflits de valeurs entre parent et enfant, la solution n'est pas aussi facile à trouver que dans les conflits de besoins, car les conflits de valeurs comportent plus d'impondérables, comme nous le verrons plus loin.

Selon Thomas Gordon, trop souvent les parents prennent des conflits de valeurs pour des conflits de besoins. Aussi déclenchent-ils des batailles inutiles avec leurs enfants, surtout avec leurs adolescents. Pour certaines valeurs, Gordon considère que les parents devraient laisser à leurs enfants des zones où ils ont pleine liberté de choix.

Voici quelques-unes de ces zones où ils peuvent exercer leur liberté: choix de leur tenue vestimentaire, choix des amis, choix d'une carrière, choix du temps de la journée pour étudier et faire les devoirs, choix de la décoration de la chambre (les bibelots et les photos), choix de comportements quelque peu extravagants. Ex.: cheveux longs, etc.

Bien entendu, s'il s'agit d'un comportement illégal (fumer de la «mari»), d'un comportement contraire aux mœurs de la famille (coucher avec son «chum» dans sa chambre), ou destructeur (imprudences en voiture), le parent a le droit et même le devoir d'interpeller l'adolescent.

Respecter les domaines de liberté de l'enfant

Les parents ont à exercer l'art difficile de discerner les aires de liberté de plus en plus nombreuses et étendues qu'il convient d'accorder à l'enfant à mesure qu'il grandit.

Apprendre à faire des choix

En tenant compte de son degré de maturité, placer l'enfant dans la situation d'avoir à faire des choix. Lui fournir l'occasion, par exemple, de choisir entre deux jouets, entre deux fruits, entre deux écoles, etc. Éviter par ailleurs de le mettre dans la situation de faire des choix qui risquent de le dépasser ou de l'écraser. Ex.: Demander à un enfant de choisir entre son père et sa mère lors d'un divorce; choisir la couleur de la voiture familiale, etc.

Jouir de son espace et de son temps

L'enfant doit avoir des moments à lui, un endroit à lui (sa chambre), des meubles à lui (une table de travail). Il doit pouvoir se retirer pour être seul, jouer seul, travailler seul. Le parent devrait donc respecter son espace et son temps.

Attention à trop d'intrusions dans son intimité ou dans son espace. Ex.: des caresses trop abondantes et inopportunes, des irruptions dans sa chambre sans avertissement, des interventions non annoncées dans ses jeux. Exemple d'une bonne habitude à acquérir: au moins quinze minutes à l'avance, avertir l'enfant en train de jouer que l'heure du repas approche.

Allocations de l'enfant

Une allocation hebdomadaire accordée à l'enfant est une bonne façon de lui apprendre à exercer sa liberté dans l'usage de l'argent. Savoir ajuster le montant aux besoins de l'enfant ou de l'adolescent. Lui faire confiance touchant l'utilisation qu'il fera de son argent.

Dans la même veine, pour développer chez l'adolescent le sens de sa responsabilité, certains parents l'initient pour ses achats à la gérance d'un minibudget. Ex.: «Tu as vingt dollars pour l'achat d'un pantalon; c'est à toi de voir où c'est meilleur marché.»

Services rendus aux enfants

Actuellement, plusieurs éducateurs jugent que les parents rendent beaucoup trop de services à leurs enfants, les empêchant du même coup d'apprendre à se débrouiller seuls. (Ex.: le transport en voiture assuré pour les diverses activités comme la danse, le hockey, etc.) Pourquoi ne pas les habituer à marcher, à prendre l'autobus ou encore à demander d'être conduits par les parents d'un ami qui participe à la même activité?

À voir certains parents combler leur enfant d'attentions démesurées, on dirait qu'ils se sentent coupables de ne jamais en faire assez pour eux. Au cours d'un voyage en avion d'une durée de cinquante minutes, un éducateur a noté qu'une mère, pour occuper son enfant, lui avait donné une quarantaine de marques d'attention.

Développer l'art de la négociation

En communication familiale, l'art des arts pour le parent et l'enfant, c'est d'apprendre à négocier de manière à ce que tous en sortent gagnants.

La négociation s'impose dans les cas de conflit de besoins. Ex.: L'enfant joue sa musique trop fort; il utilise les outils de son père; il veut s'acheter une moto et il est mineur, etc. Dans ces cas, il s'agit d'un conflit de besoins, car l'action de l'enfant a un effet observable et physique sur le parent.

Dans un cas de conflit de valeurs, on ne constate pas pareils effets physiques. Ex.: L'enfant aime mieux jouer les instruments de percussion alors que sa mère veut qu'il joue du violon; l'adolescent porte des boucles d'oreille, son père n'aime pas ça, etc.

Les phases de la négociation pour les cas de conflits de besoins

1. Préparer l'enfant à accepter la négociation et non la lui imposer. Pour ce faire, choisir un lieu privé et un moment qui convient aux deux. Vanter la valeur et l'utilité d'une négociation d'où les deux sortiront gagnants.
2. La première phase de la rencontre consiste à déterminer les besoins de l'enfant et ceux du parent. Ex.: L'enfant a besoin d'outils pour réparer sa bicyclette; le parent exige que ses outils soient remis en ordre dans son atelier.
3. Faire un «remue-méninges» (tempête d'idées) pour trouver des solutions susceptibles de combler les besoins des deux. C'est une période de créativité où l'on ne juge pas de la qualité des solutions.

4. Choisir un ou deux moyens ou solutions propres à satisfaire les besoins des deux.
5. Trouver la formule d'application de ces solutions sur lesquelles on s'est entendu. Qui fait quoi? quand? où? comment?
6. Se donner un autre rendez-vous pour évaluer l'application des nouvelles solutions et le degré de satisfaction du parent et de l'enfant. Sinon, reprendre les différentes phases de la négociation.

La négociation aide l'enfant à prendre ses responsabilités, à s'engager dans la recherche de solutions et à acquérir l'art de négocier dans les situations de conflits de besoins.

Créer un conseil de famille

Le conseil de famille permet à chacun de ses membres de s'exprimer et de développer le sens de sa responsabilité en prenant part aux décisions concernant le groupe familial.

Le conseil de famille se réunit à la même heure chaque semaine ou à toutes les deux semaines pour discuter d'événements joyeux comme les sorties, les vacances, ou encore de choses moins agréables comme la répartition des tâches domestiques et l'établissement de certains règlements.

Le conseil de famille ne doit pas devenir pour les parents une occasion de prêcher, ni pour quiconque de «laver son linge sale» seulement. S'il y a lieu d'exprimer des sentiments négatifs, éviter de le faire en attaquant par des messages en «tu», et veiller à parler à l'aide de messages en «je». Ex.: «Quand Georges reste trop longtemps dans la salle de bain le matin, je...»

Aborder un seul thème ou problème à la fois, et conduire la discussion sous une forme interrogative: «Qu'est-ce que l'on peut faire à propos de...?»

À tour de rôle, les membres de la famille qui en sont capables pourront agir en qualité de président du conseil de famille.

Tâches du président

1. Commencer la réunion à temps.
2. Encourager celui ou celle qui a la parole à s'exprimer librement, et empêcher qu'il ne soit interrompu par les autres membres avant d'avoir dit tout ce qu'il avait à dire.
3. Conserver le même sujet de discussion jusqu'à ce qu'il soit épuisé.
4. Parler à la fin après que tous se seront exprimés.

Les règles des réunions d'un conseil de famille

Une personne qui a la parole doit pouvoir s'exprimer librement et aussi longtemps qu'elle le désire.

La présence aux réunions du conseil est facultative.

Aucune décision concernant un absent ne doit y être prise.

Toute décision est sujette à révision.

Pour convoquer ou annuler une réunion du conseil, l'approbation de tous les membres est requise.

Procéder plus par consensus que par vote.

Si on le juge utile, voir à ce que les membres de la famille s'engagent par contrat à exécuter certaines tâches domestiques ou à donner suite à une résolution.

Influencer l'enfant dans la recherche de ses valeurs

Entre imposer ses valeurs morales à son enfant et démissionner devant la tâche de veiller à sa formation morale, il existe un juste milieu: le guider dans le choix des valeurs que lui seul aura à faire.

Comment influencer l'enfant dans son choix de valeurs?

L'exemple des parents et des personnes signifiantes

L'exemple demeure le facteur le plus déterminant de la formation morale. Le respect enseigne le respect; l'honnêteté enseigne l'honnêteté, la patience enseigne la patience, etc.

Les enfants sont plus sensibles aux gestes concrets des parents qu'à leurs discours moralisants. Quand le comportement du parent est en contradiction avec son discours moral, l'enfant est porté habituellement à en imiter la conduite. Ex.: Le discours d'un père qui recommande à ses fils de respecter les filles, alors qu'ils le voient visionner des films pornographiques, n'aura pas beaucoup d'influence bienfaisante sur eux.

Demander à l'enfant un comportement moral que le parent n'a même pas engendre chez lui de la confusion. Ex.: Le père alcoolique qui dit à sa fille de ne pas se droguer.

Il en est de même quand il s'agit d'inculquer des valeurs religieuses. Des gestes de foi éclairée accomplis par le parent, comme la prière et une pratique religieuse assidue, valent plus que tous les beaux discours sur la religion.

Pour que son exemple de vie morale soit efficace, le parent devra s'assurer de la qualité et de l'équilibre de sa propre vie morale. Par exemple, il sera attentif à ne pas pécher par excès de «vertu». Une qualité ou une vertu poussée à l'extrême peut conduire l'enfant à adopter le défaut opposé:

Parent bonasse = enfant indiscipliné
Parent trop méticuleusement responsable = enfant irresponsable
Parent trop exigeant = enfant paresseux
Parent trop rangé = enfant excité
etc.

Le progrès moral du parent n'est jamais terminé; aussi doit-il sans cesse harmoniser les différentes dimensions de sa vie morale afin d'offrir à l'enfant l'exemple d'un équilibre moral le plus parfait et attirant possible.

Les parents qui reconnaissent leurs erreurs et qui s'appliquent à les réparer transmettent à leurs enfants, par leur honnêteté et leur humilité, une leçon morale d'une efficacité incomparable.

Un parent peut avec raison demander à un enfant d'éviter de contracter une mauvaise habitude dont il est lui-même victime, pourvu qu'il admette avec honnêteté la difficulté qu'il éprouve de s'en défaire. Ex.: Un père à son garçon: «Comme je voudrais t'éviter d'être, comme moi, esclave de la cigarette!»

Être capable d'éclairer l'enfant sur le bien-fondé d'une valeur ou d'un comportement moral

S'armer d'arguments solides aptes à démontrer le bien-fondé de certaines pratiques d'ordre moral ou religieux (témoignages, statistiques, faits historiques, rapports d'experts, etc.). Choisir le moment propice pour faire un exposé convaincant sur l'importance et le bien-fondé des valeurs ou d'une conduite morales. Ex.: «Les statistiques sur les mariages d'adolescents démontrent que...» À noter qu'il est conseillé que le parent ne fasse pas plus qu'un exposé. Car, à répéter les mêmes considérations, il risque de provoquer un effet de rejet de la part de l'enfant. Ex.: «Ouais, ouais, on le sait...»

Enfin, présenter ses convictions d'une manière autoritaire et hargneuse peut ruiner le côté fascinant du contenu lui-même et en détourner l'auditeur.

Une fois que l'enseignement aura été donné et discuté avec l'enfant ou l'adolescent, le laisser décider par lui-même

Après avoir examiné avec son enfant ou son adolescent les diverses facettes et conséquences d'une conduite morale donnée, se montrer confiant que, dans les circonstances, il sera capable de faire le meilleur choix pour lui à ce moment-là.

Agir ainsi à son égard dès qu'il a atteint le degré voulu de maturité, c'est le plus beau signe d'ouverture, de respect et de magnanimité que les parents puissent lui donner. La raison en est que, dans le domaine de la formation morale de l'enfant ou de l'adolescent, tout ce que le parent peut faire, c'est de l'accompagner et de l'aider à former son jugement moral, à faire un juste discernement, et à intégrer les valeurs enseignées par les parents et celles qui sont véhiculées par la société.

Autres considérations

Avant de condamner la «jeunesse», se montrer prêt à se laisser interpeller par elle, voire influencer par certaines valeurs des «jeunes». Ex.: porter un vêtement à la mode, se laisser pousser les cheveux, s'occuper d'écologie, etc.

Par ailleurs, les adolescents en particulier s'attendent à ce que leurs parents continuent de professer et de vivre leurs convictions, même si eux-mêmes ne se sentent pas prêts à les adopter. Ex.: Un adolescent qui n'allait pas à la messe a mis son père au défi de lui montrer les bienfaits d'une telle pratique. Son père ne sut pas quoi lui répondre. Et au grand désappointement de l'adolescent, il cessa d'assister à la messe dominicale.

Éviter les discussions sur la morale et la religion qui se transforment en luttes de pouvoir.

Pour se consoler, il est bon que les parents se rappellent que leurs enfants adopteront à 90 pour cent les convictions morales transmises dans la famille.

Intervenir ou non dans les disputes d'enfants

Quand des disputes éclatent entre enfants, évitez de vous faire juge ou arbitre, car l'attention que vous accordez à leurs conflits encourage les enfants à continuer à se disputer ou à reprendre leurs disputes. La meilleure stratégie est de vous retirer au moment où la dispute commence. Laissez-les régler leurs différends; ils seront moins portés par la suite à se provoquer.

Méfiez-vous de celui qui semble le plus faible des deux. Il cherchera à obtenir votre protection et profitera de la situation pour faire punir le plus grand.

Séparez les enfants et traitez-les de façon égale. Ex.: les envoyer dans leur chambre ou leur enlever l'objet du litige.

Enseignez-leur des moyens de résoudre leurs différends d'une façon pacifique. Ex.: Tirer au sort pour savoir qui sera le premier à utiliser un lieu ou un objet et pendant combien de temps. Une sonnerie de cuisine indiquera le moment venu de donner à l'autre son tour.

Interpeller son enfant sur ses comportements destructeurs

Qu'est-ce que l'interpellation?

L'interpellation en cause est une mise en demeure respectueuse mais ferme, signifiée à l'enfant de cesser d'avoir une conduite illégale, immorale ou destructrice pour lui ou pour les autres.

Pour corriger de tels écarts de conduite, il ne saurait être question d'essayer de négocier. Il ne faut pas imiter la naïveté de cet intervenant social qui a convaincu une mère seule à négocier avec son fils le nombre de fois qu'il lui serait permis de fumer de la marijuana à la maison.

Le parent n'est pas la cause des comportements délinquants, mais il est forcément mis en cause. Il doit dès lors intervenir. Tôt ou tard, tout parent se trouvera dans la situation de devoir interpeller son enfant. Malheureusement, un grand nombre de parents s'y dérobent par crainte et par manque de courage. Ils devraient savoir qu'une interpellation bien conduite est susceptible de changer pour le meilleur le cours de la vie de leur enfant et de lui épargner une foule d'embêtements.

Voici un échantillonnage d'actions qui commandent d'interpeller.

Votre garçon accumule dans sa chambre des objets de grande valeur. Vous n'êtes pas sans vous demander comment il a pu se les procurer.

Votre fille de 14 ans a participé à une partouze.

Votre fils de 8 ans torture les grenouilles.

Votre fils de 18 ans a coursé avec votre auto sur une route achalandée.

Vous trouvez de la «mari» dans la chambre de votre fils.

Vous trouvez des pilules contraceptives dans le sac à main de votre fille de 13 ans.

Votre fille fait partie d'un groupe de jeunes qui endommagent des propriétés quand ils sont «en boisson».

Votre fils joue à des jeux presque suicidaires. V.g. *Donjons et dragons.*

Conditions de succès de l'interpellation

L'interpellation doit être basée sur des faits.

Interpellez aussitôt que vous aurez obtenu des renseignements précis sur un comportement dangereux de votre enfant. Évitez de faire l'autruche.

Interpellez seulement quand vous serez calme et capable d'être objectif.

Ignorez les fausses excuses de l'enfant. Exigez de vraies explications.

Faites savoir à l'enfant que vous ne jouerez pas au «sauveteur» et qu'il aura à porter toutes les conséquences de ses actions.

Ne lui donnez pas de punition, mais faites-lui savoir que vous appliquerez les conséquences réglementaires de son acte. Ex.: «Si tu ne veux pas m'expliquer pourquoi tu gardes une livre de marijuana dans ta chambre, je devrai appeler la police.»

Armez-vous de patience et de persévérance, et cherchez l'appui de votre conjoint ou d'amis. Vous en aurez besoin pour tenir le coup au cours d'une interpellation qui peut s'étendre sur plusieurs jours et même plusieurs semaines.

La dynamique de l'interpellation

Au cours d'une interpellation, vous êtes amené à jouer le rôle d'un «facilitant» aidant l'enfant à se sortir lui-même du «pétrin» où il s'est placé. À cette fin, vous observerez les consignes suivantes:

1. Vous demanderez à l'enfant de fournir des explications sur sa conduite illégale, immorale ou destructrice. Ex.: Il prépare ses examens avec des questionnaires qu'il a volés.
2. Une fois qu'il vous aura expliqué la situation d'une manière satisfaisante, demandez-lui quelles conséquences de sa conduite inacceptable il prévoit.
3. Quand l'enfant ou l'adolescent aura découvert lui-même les conséquences néfastes de sa conduite répréhensible, interrogez-le sur la façon dont il prévoit se sortir de l'impasse dans laquelle il s'est mis.
4. Aidez-le à établir un plan d'action pour redresser sa conduite et pour en réparer les effets.
5. Veillez à ne pas trop vous impliquer au cours de ces démarches, de peur de vous substituer à l'enfant ou à l'adolescent. Car c'est à lui qu'il appartient de découvrir le caractère destructif de son comportement, d'en mesurer les conséquences et d'élaborer un plan de redressement.

Favoriser les élans de liberté de l'adolescent

De nombreux parents voient venir avec appréhension l'adolescence de leurs enfants. Ils ont entendu parler de cet âge comme d'une période difficile et ils se sont créé à l'avance des peurs exagérées. Certains qui ont eux-mêmes mal vécu leur adolescence ou qui ne l'ont pas vécue redoutent à ce point les difficultés de cette période qu'ils les provoquent inconsciemment. Toutes ces craintes et appréhensions n'aident pas à créer une saine atmosphère éducative. Il ne faudrait pas qu'ils cherchent à traverser le pont avant d'y être arrivés.

Les études sur l'adolescence ont révélé que, tant du point de vue physiologique que psychologique, tout prépare l'adolescent à quitter le foyer alors que dans sa situation il en est encore totalement incapable. D'où le sentiment d'être travaillé entre son envie de rester à la maison et celle de partir; d'où encore le sentiment d'être profondément attaché au foyer, tout en défiant les limites de la discipline familiale; d'où la tendance à profiter des avantages de la famille tout en voulant à tout prix faire partie d'une «gang»; d'où sa préférence pour écouter davantage les opinions des copains que les avis de ses parents; d'où son désir de faire des expériences de sa sexualité naissante ou d'états seconds que procure la drogue.

Les parents ressemblent alors un peu à des contrôleurs dans la tour d'un aéroport. Ils sont témoins des prouesses de jeunes pilotes qui en sont à leur premier vol, mais encore accompagnés d'un instructeur. Puis, un jour, ce sera le vol en solo. De leur tour de contrôle, les parents devront continuer à se maintenir en constante communication avec leur apprenti-pilote. Ils contrôleront encore la durée et l'itinéraire du vol afin de lui assurer le moment propice à un atterrissage en toute sécurité.

Les adolescents ont besoin de commencer à quitter le foyer sans pourtant le quitter de fait. Aussi est-il recommandé aux familles qui se connaissent d'échanger entre elles leurs adolescents. C'est un bon moyen de satisfaire à la fois le besoin de partir et celui de maintenir les liens avec la famille.

Au cours de ces absences du foyer, l'adolescent trouvera l'occasion d'expérimenter sa liberté et d'apprendre à nouer des relations avec des étrangers. Alors seront mis à l'épreuve les apprentissages acquis à la maison, en particulier ceux de l'estime de soi et de son autonomie.

Apprendre à l'enfant à faire ses deuils

Un des apprentissages les plus importants de la vie consiste à faire ses deuils. Il est donc nécessaire pour les parents de familiariser leurs enfants avec la mort et de leur enseigner comment bien vivre un deuil.

C'est souvent la mort d'un petit animal qui offrira aux parents une occasion idéale pour répondre aux questions des enfants sur la mort et pour écouter les explications que les enfants eux-mêmes donnent à la mort. On peut aussi à l'occasion les faire participer à des rituels d'enterrement de petits animaux, ce qui les préparera à faire leurs adieux aux personnes chères.

Ne pas craindre d'amener l'enfant au salon funéraire s'il le désire. Par ailleurs, il ne faut jamais le forcer à y aller. Il convient de le préparer à l'avance à ce qui l'attend en lui disant par exemple: «Grand-mère sera couchée dans un cercueil; elle ne bougera pas et ne parlera pas, mais toi, tu pourras lui toucher; son corps sera froid et insensible, mais de toute façon, elle saura que tu es près d'elle.»

Au salon funéraire, ne faire que de courtes visites avec l'enfant; éviter de le laisser seul dans le salon à moins qu'il n'y ait des gens qui s'occupent de lui. Au cours du service funéraire, on peut inviter l'enfant à faire un dessin de la personne décédée ou encore à rappeler les bons moments passés en compagnie de celle-ci.

Pendant qu'il vit son deuil, l'enfant ne peut pas supporter longtemps de demeurer triste, car son deuil n'est pas continuel comme celui d'un adulte. Il peut passer subitement de la tristesse à la joie si le goût de jouer ou de se distraire le prend. Par ailleurs, il arrive que, plusieurs semaines après la mort, alors que personne ne s'y attend, l'enfant manifeste de la peine au souvenir de la personne décédée.

Les jeunes enfants ont de la difficulté à se rendre compte du caractère irréversible de la mort. Aussi, il arrive que spontanément ils demandent quand la personne décédée reviendra.

Parfois, certains enfants peuvent se sentir coupables de la mort d'un parent ou d'un proche, mort qu'ils attribuent au fait d'avoir été «tannants» ou de s'être fâchés contre lui. Il faut alors les aider à exprimer leur sentiment de culpabilité et les rassurer sur leur non-culpabilité.

L'enfant apprend à faire son deuil en imitant les membres de sa famille. Plus la mort et le deuil apparaîtront comme des événements naturels dans une famille, plus l'enfant trouvera facile de les vivre et de les intégrer à sa vie. Il sera alors préparé à faire face aux autres pertes qui surviendront.

Protéger l'enfant lors d'une séparation conjugale

Lors d'une séparation conjugale, il est inutile de se le cacher, les enfants subissent une blessure grave. Par suite de l'éclatement de la famille, l'enfant vit un traumatisme sérieux que les parents peuvent cependant atténuer et alléger par leurs paroles et leurs attitudes:

Rassurer l'enfant à plusieurs reprises en lui disant que, même si le couple se sépare, les parents, eux, vont continuer à l'aimer et à prendre soin de lui.

Lui redire qu'il a été engendré par amour et dans l'amour, et que ses parents continuent d'apprécier la beauté de leur acte et qu'ils ne regrettent rien.

Lui communiquer le plus clairement possible les raisons de la séparation sans s'étendre sur les détails.

L'assurer plusieurs fois qu'il n'est pas coupable de la séparation et que c'est une affaire qui regarde le couple exclusivement.

Prévoir que l'enfant réagira parfois avec agressivité. Il peut s'en prendre à un conjoint et l'accuser injustement d'avoir été la cause de la séparation.

En l'occurrence, les garçons en particulier sont plus portés à poser des gestes délinquants à la maison ou à l'école que les filles qui, elles, ont plutôt tendance à demeurer silencieuses et à s'isoler. Les encourager alors à exprimer verbalement leurs émotions plutôt que de poser des actions nuisibles.

De même que sous l'effet de la pensée magique l'enfant a tendance à croire qu'il a provoqué la séparation de ses parents, il peut aussi se donner comme mission de les réunir. Certains vont même jusqu'à faire des mauvais coups pour forcer les parents à se réunir et à régler le problème de l'enfant.

Le plus grand désir de l'enfant d'une famille éclatée, c'est de voir ses parents se parler.

Si possible, l'encourager à faire partie d'un groupe d'enfants qui se trouvent dans la même situation que lui afin de lui donner l'occasion de partager ce qu'il vit.

Vivre dans une famille monoparentale

Dans certains cas, il peut être très pénible pour un enfant de choisir avec quel parent il préférerait demeurer, car il craint qu'en optant pour un parent il ne perde l'affection de l'autre. Quand il s'agit de jeunes enfants, il est préférable que les parents décident. Dans le cas d'adolescents, il vaut mieux qu'ils prennent eux-mêmes la décision.

Quand, en présence de l'enfant, on a à parler du parent absent, il faut se garder de détruire l'image de celui-ci aux yeux de l'enfant. Par contre, il ne faut pas non plus l'idéaliser, car l'enfant aura raison de se demander pourquoi ses parents ont divorcé.

Si l'enfant veut connaître les raisons de la séparation, lui présenter les faits le plus objectivement possible. Ex.: «Ton père avait une maîtresse et je ne pouvais supporter une telle situation.»

Éviter d'utiliser l'enfant comme une source de renseignements sur la vie de l'ex-conjoint. L'enfant se sent très mal à l'aise dans ce rôle d'informateur. Il vaut toujours mieux s'adresser directement à l'ex-conjoint.

C'est aux parents qu'il appartient de régler les questions de pension alimentaire et de dépenses courantes de l'enfant. Si un enfant désire recevoir un traitement spécial, il devra être capable de le négocier lui-même avec ses parents.

Le parent avec qui vit l'enfant est exposé à subir le chantage de celui-ci qui le menacera parfois de s'en aller vivre chez l'autre parent s'il n'obtient pas ce qu'il veut. Il faut essayer d'ignorer ces tentatives de manipulation. Par ailleurs, quand vous êtes fâché, évitez de menacer à votre tour l'enfant de le renvoyer chez l'autre parent.

Montrez-vous fidèle et ponctuel pour vos visites à l'enfant, car il pourra facilement se sentir rejeté si vous ne vous présentez pas ou si vous arrivez en retard.

Ménager de l'espace libre à l'enfant qui vient en visite, des endroits et des tiroirs pour mettre ses effets.

Deux dangers menacent la relation parent-enfant dans une famille monoparentale: le premier est celui de la substitution. Il arrive que l'enfant s'efforce de remplacer le conjoint absent, ce qui risque de compliquer grandement son évolution, qu'il soit garçon ou fille. Le second danger provient de ce que le parent qui vit avec l'enfant retrouve en lui des traits de caractère de son ex-conjoint qu'il déteste, au point de concevoir envers lui de l'antipathie. Il n'est pas étonnant d'entendre des parents dire à leur enfant: «Tu me fais fâcher comme ton père!»

Si un adolescent commence à se montrer violent envers sa mère, demander au père de l'accueillir chez lui, car c'est souvent un signe que l'adolescent a besoin d'une présence masculine. Si le père est disparu ou qu'il ne veut pas recevoir l'adolescent, il est important que la mère voie à procurer à son enfant la compagnie d'un homme qui pourra le recevoir et s'occuper de lui.

Aider l'enfant à s'adapter à une famille reconstituée

Avant de penser à refaire sa vie avec un nouveau compagnon ou une nouvelle compagne, le parent devrait se donner du temps et s'assurer d'avoir fait le deuil de la relation amoureuse qui vient d'être brisée. Cela permettrait à l'enfant de faire son propre deuil de l'intégrité perdue de la famille.

Le parent divorcé qui a commencé à avoir des fréquentations devrait voir à protéger l'intimité de son foyer et à épargner à l'enfant d'avoir à rencontrer ses divers partenaires. Quand le parent sera sûr du sérieux de sa relation amoureuse, il commencera d'abord à en parler à l'enfant, en se montrant attentif à ses réactions à la venue d'une nouvelle personne dans la famille. Si l'enfant a vécu longtemps seul avec le parent, celui-ci peut s'attendre à une crise de jalousie de la part de l'enfant. L'arrivée de l'étranger pourrait être considérée par l'enfant comme une violation de l'intimité qu'il a bâtie avec le parent.

Dans la plupart des familles reconstituées, la difficulté ne vient pas d'abord des adultes qui s'aiment, mais bien des enfants qui eux se sentent forcés d'accepter dans leur vie une personne qu'ils n'ont pas choisie. Trop souvent, le parent, épris de son nouvel amant, oblige l'enfant à l'accepter d'emblée. La réaction de l'enfant sera d'autant plus forte que souvent il n'a pas encore renoncé à sa fantaisie de voir ses parents réunis. Il considérera dès lors le «chum» ou la «blonde» comme un simple intrus.

Ce qui ajoute à la confusion et à l'agacement du jeune est que souvent le nouveau «chum» ou la nouvelle «blonde» se donne la mission de jouer au superpère ou à la supermère. Malgré toutes les attentions que lui manifeste la nouvelle personne, l'enfant se sent obligé de rester fidèle à son père ou à sa mère absente. Il faut donc respecter le rythme auquel

l'enfant s'apprivoisera au nouveau conjoint, le temps qu'il prendra pour le connaître et pour l'apprécier comme un grand ou une grande amie.

Le nouveau venu doit se garder d'exercer la discipline vis-à-vis de l'enfant à la manière d'un parent. Il ne sera autorisé à le faire que lorsque le parent naturel lui en aura délégué ce pouvoir en son absence, comme il l'aurait fait pour un gardien ou une gardienne.

Quand les deux parents de la famille reconstituée ont des enfants, il faut qu'ils s'attendent à ce qu'éclatent éventuellement des conflits entre leurs enfants respectifs. Alors chacun des parents sera mis au défi de se montrer équitable, tant pour ses propres enfants que pour ceux du conjoint.

«Vos enfants ne sont pas vos enfants»

À la fin de cet ouvrage, je suis conscient de vous avoir «accablés» de trop nombreux avis et conseils, comme si vous étiez les seuls responsables de l'éducation de votre enfant. Peut-être ai-je trop perdu de vue la consigne que j'ai donnée au début: c'est l'enfant lui-même qui doit s'éduquer.

Vous, parents, qui aurez investi tant d'amour et d'énergie dans l'éducation de vos enfants, il vous sera demandé de les abandonner à la Vie. Considérez toutefois votre devoir accompli une fois que vous aurez éveillé chez eux leur Maître intérieur qui les accompagnera et les conduira dans la vie.

En conclusion, j'aimerais vous laisser ce message de Kahlil Gibran.

Vos enfants ne sont pas vos enfants

Ils sont les fils et les filles de l'appel de la Vie elle-même.
Ils viennent à travers vous, mais non de vous.
Et bien qu'ils soient avec vous,
ils ne vous appartiennent pas.
Vous pouvez leur donner votre amour mais non point vos pensées, car ils ont leurs propres pensées.
Vous pouvez accueillir leur corps, mais pas leurs âmes.
Car leurs âmes habitent la maison de demain,
que vous ne pouvez pas visiter, pas même dans vos rêves.
Vous pouvez vous efforcer d'être comme eux,
mais ne tentez pas de les faire comme vous.
Car la vie ne va pas en arrière, ni ne s'attarde avec hier.
Vous êtes des arcs par qui vos enfants,
comme des flèches vivantes, sont projetés.
Que votre tension par la main de l'Archer soit pour la joie.

Bibliographie sommaire

Ouvrages généraux sur le sujet

BESSEL, Harold et Thomas KELLEY (1979). *Le livre des parents,* Ottawa, Novalis.

MAZIADE, Michel (1988). *Guide pour parents inquiets; aimer sans se culpabiliser,* Québec, Les Éditions La Liberté.

BÉLANGER, Robert (1986). *Parents en perte d'autorité,* chez l'auteur: 488, Rang du Lac Saint-François, Lambton (Québec) G0M 1H0.

Ouvrages sur des sujets particuliers

L'encouragement et les conséquences réglementaires

DREIKURS, Rudolf (1972). *Le défi de l'enfant,* Paris, Laffont.

La communication

GORDON, Thomas (1972). *Parents efficaces,* Montréal, Le Jour, éditeur.

L'estime de soi

BRIGGS, Dorothy (1975). *Your Child's Self-Esteem,* New York, Doubleday.

——— (1979). *Être soi-même,* Montréal, Éditions de l'Homme.

L'interpellation

MARSHALL, Bill and Christina MARSHALL. *Better Parents, Better Children,* New Jersey, Hammond.

YORK, Phyllis and David (1980). *Toughlove,* Sellerville, Penn. (18960), Community Service Foundation.

La discipline des enfants

BÉLANGER, Robert (1974). *Vinaigre ou miel,* chez l'auteur: 488, Rang du Lac Saint-François, Lambton (Québec) G0M 1H0.

GINOTT, Haim (1968). *Les relations entre parents et enfants. Solutions nouvelles, problèmes anciens,* Tournai, Casterman.

L'éducation des adolescents

BÉLANGER, Robert (1981). *Parents d'adolescents,* chez l'auteur: 488, Rang du Lac Saint-François, Lambton (Québec) G0M 1H0.

——— (1969). *Between Parent and Teenager,* New York, Avon.

L'aide à apporter aux enfants dont les parents sont divorcés

MONBOURQUETTE, Jean, Myrna LADOUCEUR, Monique VIAU (1991). *Grandir ensemble dans l'épreuve,* Montréal, Éditions Paulines.

GARDNER, Richard (1978). *Le divorce expliqué aux filles et aux garçons,* Montréal, Presse Sélect.

STOLLMAN, W. (1985). *Familles reconstituées... avec succès,* Service de la famille - Canada, 55, avenue Parkdale, Ottawa.